SELFIE-PURPURINA

Fernanda Bastos

Conheça melhor
a Biblioteca Madrinha Lua.

editorapeiropolis.com.br/madrinha-lua

Fernanda Bastos SELFIE-PURPURINA

Editora Peirópolis

São Paulo, 2022

Copyright © 2022 Fernanda Bastos

EDITORA **Renata Farhat Borges**
COORDENADORA DA COLEÇÃO **Ana Elisa Ribeiro**
PROJETO GRÁFICO E DIAGRAMAÇÃO **Gabriela Araujo**
REVISÃO **Mineo Takatama**

Dados internacionais de Catalogação na Publicação (CIP)
de acordo com ISBD

B327s   Bastos, Fernanda

       Selfie-purpurina / Fernanda Bastos. – São Paulo:
Peirópolis, 2022.
       72 p.; 12 x 19 cm – (Biblioteca Madrinha Lua)
       ISBN 978-65-5931-179-8

       1. Literatura brasileira. 2. Poesia. 3. Poesia
contemporânea. 3. Poesia escrita por mulheres.
I. Título. II. Série.

	CDD 869.1
2022-1109	CDU 821.134.3(81)-1

Elaborado por Vagner Rodolfo da Silva – CRB-8/9410

Índice para catálogo sistemático:
1. Literatura brasileira: Poesia 869.1
2. Literatura brasileira: Poesia 821.134.3(81)-1

Editado conforme o Acordo Ortográfico
da Língua Portuguesa de 1990.   1ª edição, 2022

Editora Peirópolis Ltda.
Rua Girassol, 310f – Vila Madalena
05433-000 – São Paulo – SP
tel.: (11) 3816-0699
vendas@editorapeiropolis.com.br
www.editorapeiropolis.com.br

*Para Silvana Carneiro Bastos e Sergio Bastos,
artistas da família.*

PREFÁCIO
O corpo em festa

Cidinha da Silva

Existem poetas negras das quais sinto falta nas principais antologias de poesia brasileira contemporânea, cuja leitura me provoca encantamento, ruído, enlevo; alegria, dissonância, surpresa, ressignificação, ruptura, sutura. Obras que têm a potencialidade de produzir sentidos em interação com nossa subjetividade de leitora, também de escritora (no meu caso), porque gosto de textos que me desafiem a entender a teia da escrita. Fernanda Bastos é uma dessas poetas.

A poética de Fernanda faz um escrutínio no cotidiano com agulha, linha e lupa, e assim expande o relevo de pontos entretecidos.

Atentem, leitoras e leitores, aos títulos curtos de poemas também breves deste livro que nos lança na imensidão de signos e sentidos de um corpo-exército que dança, de baianas de escola de samba que cuidam da tradição, de uma porta-bandeira que "se debruça e beija / nossa escola inteira / na imagem do pavilhão".

Tem também o abismo no qual Fernanda nos lança por meio de sínteses desconcertantes, principalmente nos três poemas de abertura do livro. Em "Sábado de carnaval", alguém que nasceu no período da brincadeira constata, resignado, que "ninguém vem para a minha festa / carnaval não é todo dia"; no poema "Envelopes", o aviso sábio: "Mas se perder na decisão de hoje / Um novo carnaval começa amanhã"; e, no poema "Passista", "Ela samba brilho".

Este *Selfie-purpurina* é um retrato do carnaval gaúcho, suas alegorias e alegrias cantadas por uma filha e neta de sambistas, uma espectadora ilustre nascida em plena folia protagonizada por pessoas lutadoras, trabalhadoras durante o ano inteiro, que fazem planos repetidos para celebrar a novidade do mesmo, pois "um carnaval é um carnaval é um carnaval".

Fernanda Bastos bebe das águas da ancestralidade para compor este poemário com ritmo, cadência e memória.

Quero ainda destacar três poemas. Na primeira dupla, percebemos o paradoxo, categoria muito presente no pensamento de matriz africana. O poema "Ensaio" nos diz assim:

> "semana suada
> de labor
>
> fora da quadra
> não me acham"

O maravilindo "Desfile de cigarras" brinca conosco e desloca certezas sobre o significado das coisas, das ações de cigarras e formigas:

> "apinhado como um formigueiro
> enfileirado que nem formigueiro
> organizado feito formigueiro
> abastado tal qual formigueiro"

A série de poemas "A voz do meu vô", organizada em seis partes, deságua nos versos de encerramento, meus preferidos, entre tantos que me tocaram fundo. Nesse conjunto, a quadra (da escola de samba) é um lugar de ensinar sobre Áfricas e de reinventá-las, de constituir diásporas e espraiá-las.

"A voz do meu vô – parte VI" nos convoca, então:

> "Na vez que não chegaram seus calçados
> Os passistas saíram descalços."

Esse poema materializa a invenção de um lugar de existência para as pessoas negras, acostumadas a não poder fazer história das formas mais convencionais e previsíveis, habituadas à insurgência e à inventividade, porque, como assevera Luiz Maurício Azevedo, o amado de Fernanda Bastos, "para nós, nunca houve tempo bom, não pode haver tempo ruim".

● *Cidinha da Silva é escritora.*

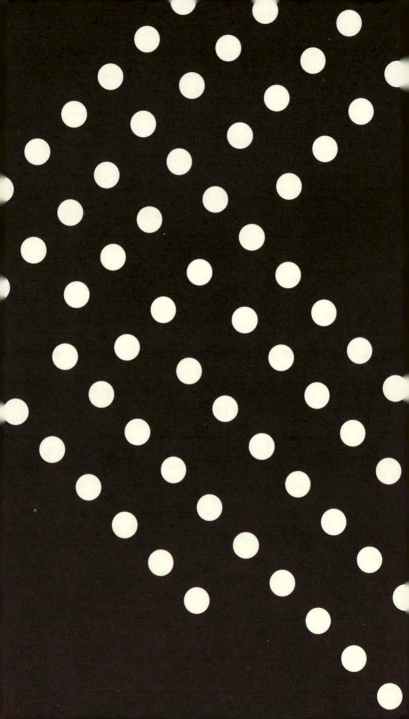

sábado de carnaval

Negros demais na pele
retintos
alegres

cadenciando
retintos
alegres
ao som dos Bambas,
Imperadores
e Praiana

Na avenida ali atento
preocupado, acedendo
meu avô e seu fardão
vai fazer sua escola vencer
vermelha na avenida
eu dentro de minha mãe
enjoada e grande
uma barriga
de onde nasci
dali a poucas horas

do carnaval me tornei cria

Eu faço aniversário no final de fevereiro
dia de festa angustiada o ano inteiro
ninguém vem para a minha festa
se ela não for na avenida

ninguém vem para a minha festa
carnaval não é todo dia.

envelopes

Flashes, faixas e famílias
Nosso camarote não tem estrela
Braços apertados em fileiras
Para esquerda e à direita
No improviso faz churrasco ou
Leva de casa, sim farofeira

Orgulho de torcer para campeã
Mas se perder na decisão de hoje
Um novo carnaval começa amanhã

passista

Como ela brilha
Dourada dos olhos
Dourado e escuro na pele
Ela samba brilho

a voz do meu vô – parte I

No tempo em que nasci
Se aprendia mais de África
Na quadra
Do que no curso normal
que eu concluí

a voz do meu vô – parte II

Sempre havia um enredo

Com uma ala africana

Memória de uma origem

Homenagem de força guerreira

De soldados e rainhas

Para salvar mães afro-brasileiras

a voz do meu vô – parte III

A origem era África

O presente era religião

A baiana cuidava da tradição

a voz do meu vô – parte IV

Da mamãe porta-bandeira
Nenhuma foto pra lembrar sua beleza.

Em Pelotas, quem a viu passar fala De
leveza e de destreza.

Mas da mamãe porta-bandeira Não há
foto para lembrar sua beleza.

a voz do meu vô – parte V

Sou carnavalesco

não vou desistir

se uma pena cai

outra vai subir

se a chuva desaba

mais animada

a passista passa

se o dia brilha

orgulho triplica

a voz do meu vô – parte VI

Na vez que não chegaram seus calçados
Os passistas saíram descalços.

o corpo

Como um balé negro
Vestido
De estampa
De animal
Um exército dança
Nagô

o manto

Movimento mais bonito é da porta-bandeira
se debruça e beija
nossa escola inteira
na imagem do pavilhão

rock

Nasci no carnaval
mas não sou bamba

na passarela meu gingado me desbanca

filha de roqueira
meu samba é descompasso
quebrado

freela

Carnaval uma vez ao ano
trabalho todo tempo entretanto

produção de um ano inteiro
competição em meio
ao clima festeiro

para pagar as fantasias
o mestre-sala é porteiro

a tia Ana das baianas cozinheira da escola
o passista Joãozinho joga bola
Luís é entregador
mestre-sala também já foi
motorista e vendedor

juras

cada passo é um quesito

mestre-sala e porta-bandeira
fantasia
evolução
harmonia
enredo
comissão de frente
samba-enredo
alegoria

batecum

Toque te ca bum
toque te ca bum
samba que nem olodum

Toque te ca tica
toque te ca tica
na cadência Giba Giba

De Angola até as Charqueadas
do cativeiro
da senzala
do terreiro nagô
comunicou
nosso chamado
bate tocador
tambor sopapo

rosa

dizia tia Gertrude
um carnaval é um carnaval é um carnaval
planejam igual
nenhum é igual
um carnaval é um carnaval é um carnaval

justiça

a escola que vence
nem sempre é a mais querida
mas tem que arrebatar
a arquibancada na avenida

o grito

as estações se revezam
com suas cores e flores
as escolas também
luzindo além

pelo conjunto conjunto

vermelho verde e branco
vem aí o Paulão
tinga teu povo te ama
é o seu grito para a nação

abertura

Aprendeu com a tia Iara
a leveza na sandália
comissão de frente vai entrando
na cadência ritmada

felicidade

Já cantaram Lima Barreto
e até o bloqueio continental
esse ano Lupicínio Rodrigues
canto ao rei da noite na Capital

criado no tempo do cordão
na boemia da Ilhota
ergueu seu samba-canção

se acaso você chegasse
de novo para o samba
a voz grave da melancolia
encarnaria a lembrança

majestosas

Nascido da maestria
Sergio Renato do samba é cria
Carnavalesco de ventre de porta-bandeira
Bastos também é sina

Sandro Ferraz descama a melodia.

Agora os bancos estão fechados, minha filha.

rei negro

Majestade que se preze
tem de ter samba no pé
rei da Etiópia se
autoproclamou seu Lelé

carregado por quatro amigos
fez sua coroação

de papelão sua coroa
do povo seu coração

tia nira

segura o chocalho
feito o garimpeiro a bateia
com abundância de ouro
dá o ritmo à plateia

tamboricando

tá ca te ca tá te

tá ca te cá tá

tamborim luziu

tia Jô vai passar

tá ca te ca tá te

tá ca te cá tá

ela vem sorrindo

vai baqueta trabalhar

tu ca lá cá tu ca

o repique exige

força para tocar

tu ca lá cá tu ca

quando a mão na pele

a baqueta toma ar

tu ca lá cá tu ca

mais

tu ca lá cá tu ca

gabis

Tio Jorge chegou
com seus discos importados
e suas calças jeans

hora de som salto
chama minhas tias
junto de minha mãe
eram as Gabis

cada uma com um cabelo
cada um mais volumoso
de permanente a kanekalon

madrinha lua

A lua é nossa madrinha
se o dia nos faz correr

a noite ela espia
iluminando nosso fazer
acompanha e ajuda
enquanto colamos plumas

nosso retorno ela protege
tremulando na muamba
do ensaio até tarde na rua
vem, madrinha lua

trovão

ameaça nossos planos
maldita chuva!

destrói nossas penas
maldita chuva!

murcha nossas plumas
maldita chuva!

mata nosso brilho
maldita chuva!

costureira

pago pouco
possuo menos

para a festa só trago esmero

à agulha que vai cosendo
eu descrevo o enredo

tardezinha eu fecho os punhos
alinhavo noite adentro

madrugada descanso um pouco
e ali mesmo me ajeito

eu trabalho cedo

desfile de cigarras

apinhado como um formigueiro

enfileirado que nem formigueiro

organizado feito formigueiro

abastado tal qual formigueiro

primeiro desfile

o poste que alumia
o som não se confunde
o pipoqueiro grita
mais alto só cuíca

tito

ganhamos tantos carnavais tivemos
perdemos outros carnavais fizemos

mas saber que um samba pegou
que a melodia é minha e a canção honrou
tocando nos bares, nas casas, nas frestas
dançando nos bailes animados à beça

o piso desgastado na dança
tal palmilha do calçado de criança
a mãe dança, filho no colo
vovô entoa mais um partido-alto

tantas lembranças eu pude guardar
quanto durou meu chapéu-panamá

colombina

enrolada no poste
ela se aglutina
no braço, no ombro
olha a serpentina

falanges

Ti dum
dá dá
o ponteiro apita
a noite vai virar

Ti dum
dá dá
Ti dum
dá dá
mais uma tribo
vai se apresentar

Xavantes, Comanches
Ti dum
dá dá

origem

Antigamente o cordão Turunas

passava nos jornais

e mandava avisar

não vai ter nada para os rivais

Gondoleiros alinhado

Iracemas lado a lado

Iáiáiá

Iáiáiá

Iáiáiá

no pique

não sou sambista
e nem sou passista
mas em fevereiro
eu invado pista

isa

não faço roda
não faço o dia

pela minha irmã
faço até torcida

cozinho a vida
já era minha de saída

pela minha irmã
faço até torcida

oficina

acompanho a dança
pelo meu olhar

peso

a minha fantasia da onde vem
do Rio de Janeiro
será de Xerém?

do barraco sai perfeitinha
quanta correria
para parecer tão levinha
para quem desfila

reinado

por ser destaque

eu agradeço

no dia da coroação

à minha mais velha

e a Iemanjá

eu peço a benção

nesse palco de asfalto

a estrela sou eu

de sapatilha prateada

caminho apinhado

canto uníssono dos meus

fecho os punhos no peito

faço jus a Orfeu

dor

A apoteose da muamba
que saudade me deu

selfie-purpurina

Vai ter feriado
E movimento
Cidade momo
E dos sonolentos
Vai ter selfie-purpurina

Vestindo seda
Vestido em chita
Tem selfie-purpurina

No bloco, Olinda
Ou aqui na minha
Selfie-purpurina

De borboleta
Ou bailarina
Selfie-purpurina

De lábio roxo
Sol na piscina
Selfie-purpurina

Pra quem sossega
Pra quem agita
Selfie-purpurina

De passe-livre
Ali na esquina
Selfie-purpurina

Pela TV
ou na avenida
Selfie-purpurina

Com a vovó
ou com as amigas
Selfie-purpurina

retrô pânico

92
ano da zica
relógio corre
carro alegórico
parado na pista

retrô fênix

93
superação
olhou para trás
sacou os problemas na evolução

retrô título

94
ninguém previa
porta-bandeira nos deu o título
por dois décimos de alegria

credenciais

Aqui nos Silva
qualquer visita
avisava antes de entrar na porta
para qual escola torcia

ensaio

semana suada
de labor

fora da quadra
não me acham

no dia

no meu esplendor
uma linha amarela
dourada luz do sol
atravessa o arco-íris

ninguém me tira da avenida

jurada por um dia

no bolão
fui rigorosa
não dei o título
para quem foi campeão

a árvore genealógica

eu conheço sua avó
brincamos muitos carnavais
lembro bem do seu pai
vi por aí em muitos carnavais

lembro bem do seu pai
vi por aí em muitos carnavais
eu conheço sua avó
brincamos muitos carnavais

aderecista

uma pomba de cinco metros

um urubu caudaloso

estátuas vivas de

papel machê

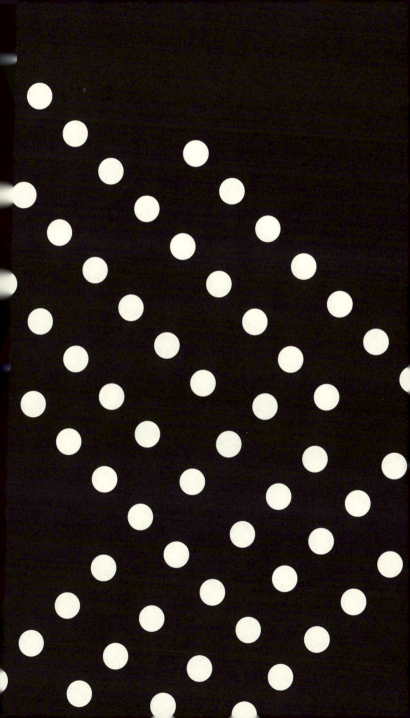

POSFÁCIO
Poesia em festa

Ana Elisa Ribeiro

Um dia, o nome de Fernanda Bastos foi dito uma vez, numa conversa sobre literatura, literatura neste país. Noutro dia, o nome dela se repetiu e se repetiu. O âmbito era aquele mesmo ou quase ele, e ela ia se tornando uma pessoa quase conhecida do meu universo. Um dia, um texto, um poema, uma capa de livro. Nos debates mais importantes do país sobre a poesia de autoria de mulheres negras, lá estava Fernanda, de novo, com o samba, a crítica, o tom, as cores do que ela compõe quando escreve e publica um poema. Li aqui, li ali, de repente, um título espetacular. Ela publica *Eu vou piorar*, pela Figura de Linguagem, editora que ela toca desde a capital gaúcha.

Numa visita a Porto Alegre, num evento literário importante por lá, trocamos umas palavras, em meio ao barulho de um ambiente cheio e agitado, como deveriam ser sempre os eventos em torno do livro e da leitura. Fernanda Bastos deixou de ser capa de livro e passou ao meu repertório de poetas de carne e osso, essas que a gente acompanha com máxima humanidade, torcendo para ler mais e mais.

Quando surgiu oportunidade, foi por *e-mail* que solicitei um original à poeta. E nem sabia direito o que esperar. Pediu um prazo, um jeito, uma ideia, e eu confiei que ela voltaria com um conjunto de poemas anexo. E foi. Mais: ela veio desfilando, num tom carnavalesco, serpentina, confete e um pierrô para (des)amar. Fernanda Bastos veio em festa, com purpurina e as questões de agora, ressaca de festa, ponto cego, ponto crítico, palavras que coçam e espetam, em vez de só acariciar. Não dava para continuar a festa sem ela, ô, abre-alas.

A Biblioteca Madrinha Lua pretende reunir algumas das poetas que nos aparecem pelas frestas do mercado editorial, pelas fendas do debate literário amplo, pelas escotilhas oxidadas enquanto mergulhamos na literatura contemporânea. Já no final da vida, Henriqueta Lisboa, nossa poeta madrinha, se fazia uma pergunta dura, sem resposta previsível, em especial para as mulheres que escrevem: "Terá valido a pena a persistência?". Pois então. Acho que todas se perguntam isso, mais cedo ou mais tarde. Não terá sido por falta de persistência e de uma coleção como esta, poeta, à qual se integra agora a voz provocadora de Fernanda Bastos.

ÍNDICE DE POEMAS

sábado de carnaval   11

envelopes   13

passista   14

a voz do meu vô – parte I   15

a voz do meu vô – parte II   16

a voz do meu vô – parte III   17

a voz do meu vô – parte IV   18

a voz do meu vô – parte V   19

a voz do meu vô – parte VI   20

o corpo   21

o manto   22

rock   23

freela   24

juras   25

batecum   26

rosa   27

justiça   28

o grito   29

abertura   30

felicidade   31

majestosas   32

rei negro   33

tia nira   34

tamboricando   35

gabis   36

madrinha lua   37

trovão   38

costureira   39

desfile de cigarras   40

primeiro desfile   41

tito   42
colombina   43
falanges   44
origem   45
no pique   46
isa   47
oficina   48
peso   49
reinado   50
dor   51
selfie-purpurina   52
retrô pânico   54
retrô fênix   55
retrô título   56
credenciais   57
ensaio   58
no dia   59
jurada por um dia   60
a árvore genealógica   61
aderecista   62

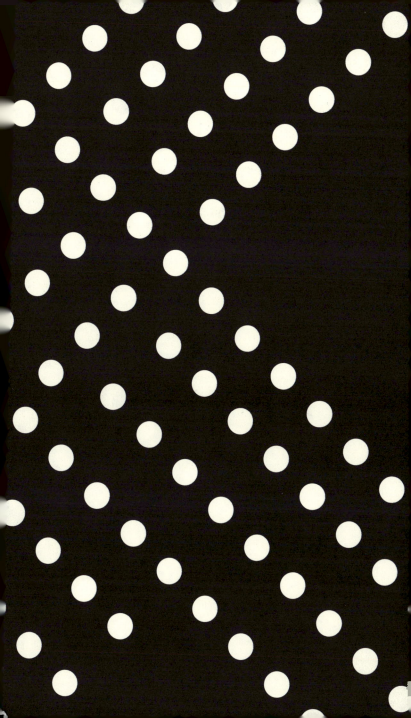

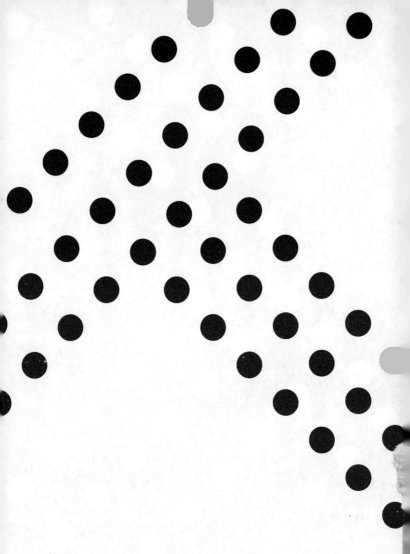

FONTES **Eskorte e Ronnia**
PAPEL **Pólen soft 80 g/m²**
TIRAGEM **1000**